お年寄りが笑顔で楽しむゲーム＆遊び ③
介護予防のための一人でもできる
簡単からだほぐし39

斎藤道雄著

黎明書房

はじめに
ー小さなことが大きなケガを予防するー

　みなさん，こんにちは。ぼくの仕事は，スポーツインストラクターです。おもに，お年寄りの方々を対象に，出張して体操教室をしています。出張先は，デイサービス，養護老人ホーム，特別養護老人ホーム，有料老人ホームなどなど，さまざまな場所に行って，体操を通して健康づくりを応援しています。

　シニア体操教室では，「からだをほぐす体操」「力をつける体操」「からだや頭を使ったゲーム」などを，取り入れています。中でも，からだをほぐすということは，たくさんのよい効果があります。そのうちのひとつに，ケガを予防することがあります。

　スポーツの選手は，からだをほぐすために，必ず準備運動をします。それは，ケガを予防するためです。

また，よく，工事現場などで，朝，ラジオ体操をしている光景を見かけることがあります。ラジオ体操をして，からだをほぐすことで，事故やケガを予防することにもつながります。

　特に，**高齢者施設では，このケガをあらかじめ防ぐことに，とても重要な意味があります。これをしておくだけで，ケガの確率をグーンと減らすことができます。**

　からだをほぐすことで，なぜ，ケガを予防することができるかというと，からだをほぐすと，からだをスムーズに動かすことができるようになるからです。からだがスムーズに動くようになれば，ちょっとした身のこなしがしやすくなります。

　たとえば，小石ほどの段差につまずいて，バランスをくずしてそのまま転倒してしまったとします。でも，ほんのちょっと，スムーズに動くことができれば，バランスをくずして「おっとっと」となったところで，足が素早く前に出て，バランスを立て直せたかもしれません。

　また，もしかしたら，その前に小石につまずかなかったかもしれません。
　そう考えると，からだをほぐす体操は，転ばぬ先の杖みたいなものです。

はじめに

　本書では,「介護予防のためのからだほぐし」として,からだをより効果的にほぐす方法を,高齢者施設の職員の方にもできるように,ごくシンプルに,ごく簡単に,ご紹介していきます。

　また,より効果的にほぐすためには,ポイントとなることばがあります。そのことばを使うことで,より大きな効果をあげることができます。ことばのパワーって,すごいんです！

　実際に,ぼくがシニア体操教室で使っている,そのことばも,あわせて,参考にしてみてください。

　みなさんのからだは知らず知らずのうちに,とてもよくがんばっています。どうぞ,そのからだに感謝してあげてください。いつもご苦労様。いつもありがとうって。そして,そのごほうびに,ぜひ,からだをほぐしてあげてください。

2006年11月

斎藤道雄

もくじ

はじめに―小さなことが大きなケガを予防する―　1

介護予防のための**からだほぐし**　・・・・・・・・・・・　7

からだをほぐすお手伝い

- ❶　全身をほぐす①　8
- ❷　全身をほぐす②　10
- ❸　首をほぐす①　12
- ❹　首をほぐす②　14
- ❺　肩をほぐす①　16
- ❻　肩をほぐす②　18
- ❼　背中をほぐす①　20
- ❽　背中をほぐす②　22
- ❾　背中をほぐす③　24
- ❿　背中をほぐす④　26
- ⓫　肩と背中をほぐす　28
- ⓬　胸をほぐす　30

もくじ

- ⑬ 腕をほぐす① 32
- ⑭ 腕をほぐす② 34
- ⑮ 手首をほぐす 36
- ⑯ からだの横をほぐす 38
- ⑰ 腰をほぐす① 40
- ⑱ 腰をほぐす② 42
- ⑲ 腰をほぐす③ 44
- ⑳ 腰をほぐす④ 46
- ㉑ 背中とおしりをほぐす① 48
- ㉒ 背中とおしりをほぐす② 50
- ㉓ 足のウラをほぐす 52
- ㉔ 足首をほぐす① 54
- ㉕ 足首をほぐす② 56
- ㉖ 足首をほぐす③ 58
- ㉗ こころをほぐす（腹式呼吸） 60

力をつけるお手伝い

- ㉘ 腕の力をつける① 62
- ㉙ 腕の力をつける② 64
- ㉚ 腕の力をつける③ 66
- ㉛ おなかの力をつける① 68
- ㉜ おなかの力をつける② 70
- ㉝ 脚の力をつける① 72
- ㉞ 脚の力をつける② 74

㉟ 脚の力をつける③ 76
㊱ 脚の力をつける④ 78

　口を動かすお手伝い
㊲ 口を動かす 80
㊳ 舌を動かす 82
㊴ ほっぺたを動かす 84
＊コラム　お年寄りにウケる体操とは？ 86

からだをほぐすお手伝いのコツ ･･････････ 87

からだをほぐすお手伝いのコツ 88
　1　自分でからだの伸びを実感する 89
　2　ポイントになることばを使う 90
　3　ゆっくりと息を吐きながら行う 93
　4　音楽を利用する 96
　5　人それぞれの100点満点がある 98
　6　からだのどの場所をほぐしているのかを知る 101
　7　"動く意欲"を応援する 104

おわりに 106

介護予防のための
からだほぐし

1 からだをほぐすお手伝い
全身をほぐす①

◇ことばがけ

1　両手を組みましょう。
2　手のひらをひっくり返して，上に向かって，ゆっくり伸ばしてみましょう（10秒間静止）。
3　**最後に，もうひと伸びしてみましょう。**
4　ゆっくり，手を下ろしましょう。

◇動きのポイント

・両手を上に向かって伸ばす。

◇ポイントになることばがけ

「最後に，もうひと伸びしてみましょう」
→できる範囲で，目いっぱい，伸ばすようなことばがけを意識する。

介護予防のためのからだほぐし

② 全身をほぐす②

◇ことばがけ

1 両手を握りましょう。
2 大きな声で「あ～」と言いながら，大きく伸びをしてみましょう。
3 では，みなさん，ご一緒に。さん，ハイ！

◇動きのポイント

・大きく伸びをする。

◇ポイントになることばがけ

「大きな声で『あ～』と言いながら，大きく伸びをしてみましょう」

→ 声を出すことで，息を吐くことができる。息を吐くことでより，からだを伸ばすことができる。また，気分もスッキリする。

介護予防のためのからだほぐし

③ 首をほぐす①

◇ことばがけ

1　ゆっくりと，**両手をうしろで組んで，胸をはりましょう**。
2　ゆっくりと，下を向きましょう（10秒間静止）。
3　ゆっくりと，戻して，首を横に倒します（10秒間静止）。
4　ゆっくりと，戻して，反対に倒します（10秒間静止）。
5　ゆっくりと，もとに戻しましょう。

◇動きのポイント

・頭を前と横に倒す。

◇ポイントになることばがけ

「両手をうしろで組んで，胸をはりましょう」
→手をうしろに組むことで，姿勢がよくなる（頭を倒したときに，からだもいっしょに倒れることを防ぐことができる）。

介護予防のためのからだほぐし

④ 首をほぐす②

◇ことばがけ

1　ゆっくりと，両手をうしろで組んで胸をはりましょう。
2　ゆっくりと10を数えながら，首を回してみましょう。
3　反対も，同じようにやってみましょう。
※ 30秒間で10を数えるぐらいのつもりで，ゆっくりとていねいに行ってみましょう。

◇動きのポイント

・首をゆっくりと回す。

◇ポイントになることばがけ

「ゆっくりと10を数えながら，首を回してみましょう」
➡ ゆっくり数えることで，息を吐くことができる(力が抜ける)。

介護予防のためのからだほぐし

5 肩をほぐす①

◇ことばがけ

1　ゆっくりと，片手を前に出してみましょう。
2　反対の手で，下からすくいあげるようにして，かかえてみましょう。
3　そのまま，ゆっくりと，自分の胸に押し当てるように，引きつけて，**ひじを伸ばしましょう**（10秒間静止）。
4　ゆっくりと，もとに戻しましょう。
5　反対の手も，同じようにやってみましょう。

◇動きのポイント

・（前に出した腕の）ひじの少し下あたりをもつ。
・（前に出した腕の）ひじを伸ばす。

◇ポイントになることばがけ

「（前に出した腕の）ひじを伸ばしましょう」
→ひじを伸ばすことで，よりよく，肩をほぐすことができる。

介護予防のためのからだほぐし

6 肩をほぐす②

◇ことばがけ

1　ゆっくりと，片手を前に出してみましょう。
2　反対の手で，手首を持ちます。
3　そのまま，ゆっくりと横に引っ張ってみましょう。
4　同じことを頭のうしろでやってみましょう（10秒間静止，頭のうしろで手首をもって，横にゆっくり引っ張る）。
5　反対の手も，同じようにやってみましょう。
※1〜3は，4をやるための練習の過程

◇動きのポイント

・腕を横に引っ張る。

◇ポイントになることばがけ

「手首をもって，ゆっくりと横に引っ張ってみましょう」
→横に引っ張ることで，肩をほぐすことができる。

介護予防のためのからだほぐし

7 背中をほぐす①

◇ことばがけ

1　ゆっくりと，うしろで両手を組んでみましょう。
2　胸をはるように，**ゆっくりとひじを伸ばしてみましょう。**
3　肩甲骨の間にものをはさむイメージでやってみましょう（10秒間静止）。

◇動きのポイント

・胸をはる。
・ひじを伸ばす。

◇ポイントになることばがけ

「ゆっくりとひじを伸ばしてみましょう」
→ひじを伸ばすことで，肩甲骨を動かすことができる。

介護予防のためのからだほぐし

8 背中をほぐす②

◇ことばがけ

1. 両手を組んで，ゆっくりと前に伸ばしてみましょう。
2. できるだけ，**肩を前に出してみましょう**。
3. そのまま，**お腹を引っ込めてみましょう**（背中を丸める）。
4. 両腕の中に，ゆっくりと，**頭を入れてみましょう**（10秒間静止）。
5. からだを，ゆっくりと，もとに戻しましょう。

◇動きのポイント

- 背中を丸める。
- 頭を下げる。

◇ポイントになることばがけ

「肩を前に出してみましょう」
「お腹を引っ込めてみましょう」
「頭を入れてみましょう」
→この3つのことばを使うことで，より効果的に，背中を丸める（ほぐす）ことができる。

介護予防のためのからだほぐし

 背中をほぐす③

◇ことばがけ

1 両足を肩幅ぐらいに開きましょう。
2 かるく，おじぎをしてみましょう（10秒間静止して戻す）。
3 今より，10センチぐらい，深く**おじぎをしてみましょう**（10秒間静止して戻す）。
4 今より，もうさらに10センチぐらい，深くおじぎをしてみましょう（10秒間静止して戻す）。
5 足の間から，うしろを見るつもりで，ゆっくりとおじぎをしてみましょう（10秒間静止して戻す）。

※段階をふんで，少しずつ，ゆっくりと，（背中を）曲げる角度を増やしていく。

◇動きのポイント

・おじぎをする（背中を丸める）。

◇ポイントになることばがけ

「おじぎをしてみましょう」
→おじぎをすることで，背中を丸める（ほぐす）ことができる。

介護予防のためのからだほぐし

10 背中をほぐす④

◇ことばがけ

1 両手を握ってみましょう（げんこつをつくりましょう）。
2 ひじを曲げて，ゆっくりと(ひじを)からだのうしろに引っ張ってみましょう。
3 ゆっくり，もとに戻しましょう。
4 同じ要領で，5回繰り返してやってみましょう。

◇動きのポイント

・ひじをうしろへ引く。

◇ポイントになることばがけ

「ひじを曲げて，ゆっくりと（ひじを）からだのうしろに引っ張ってみましょう」
→ひじを引くことで，肩甲骨を動かす（寄せる）ことができる。

介護予防のためのからだほぐし

11 肩と背中をほぐす

◇ことばがけ

1. (手を下げたまま) 肩をゆっくり持ち上げましょう。
2. 力を抜いて，一気に「ストーン」と下ろしましょう。
3. 上げるときは力をいれて，下ろすときは力を抜きます。
4. **耳につけるような気持ちでやってみましょう。**
5. その要領で，5回繰り返してやってみましょう。

◇動きのポイント

・肩を上げる，下げる。

◇ポイントになることばがけ

「耳につけるような気持ちでやってみましょう」
→できるだけ，肩が高く上がる（大きく動く）ようなことばがけを意識する。

介護予防のためのからだほぐし

12 胸をほぐす

◇ことばがけ

1　背筋をピンと伸ばしてみましょう。
2　両手をうしろで組んでみましょう。
3　できるだけ，ひじを伸ばしてみましょう（10秒間静止）。
4　ゆっくりと手をほどいて，もとに戻しましょう。

◇動きのポイント

・胸をはる。
・うしろで組んだ腕を伸ばす。

◇ポイントになることばがけ

「背筋をピンと（背もたれから，背中を離す）」
「（うしろで組んだ腕の）ひじを伸ばしてみましょう」
➡ひじを伸ばすことで，自然と胸をはることができる。

介護予防のためのからだほぐし

13 腕をほぐす①

◇ことばがけ

1. ゆっくりと，（手のひらを上にして）片手を前に出しましょう。
2. （その手の）**ひじをできるだけ伸ばしてみましょう**。
3. 反対の手で，親指以外の4本指をつかみます。
4. そのまま，ゆっくりと，自分のからだのほうへ引っ張ります（10秒間静止）。
5. ゆっくりと，手をもとに戻します。
6. 反対の手も，同じようにやってみましょう。

◇動きのポイント

・4本指を持って，自分のからだのほうへ引っ張る。

◇ポイントになることばがけ

「（前に出した手の）ひじを，できるだけ伸ばしてみましょう」
➡ひじが伸びることで，（指を引っ張ったときに）腕をよくほぐすことができる。

介護予防のためのからだほぐし

14 腕をほぐす②

◇ことばがけ

1. ゆっくりと，(手のひらを下にして)片手を前に出しましょう。
2. (その手の)ひじをできるだけ伸ばしてみましょう。
3. 反対の手で，親指以外の4本の指をつかみます。
4. そのまま，ゆっくりと，(自分のからだのほうへ)引っ張ります(10秒間静止)。
5. ゆっくりと，手をもとに戻しましょう。
6. 反対も，同じようにやってみましょう。

◇動きのポイント

・腕を伸ばして，手を曲げる。

◇ポイントになることばがけ

「ひじをできるだけ伸ばしてみましょう」
→ひじが伸びることで，腕をよくほぐすことができる。

介護予防のためのからだほぐし

15 手首をほぐす

◇ことばがけ

1　両手を胸の前で組んでみましょう。
2　組んだ手で，円を描くように（グルグルと）回してみましょう。
3　（慣れてきたら）できるだけ，小さく回してみましょう。
4　（慣れてきたら）少し速く回してみましょう。
5　一度止めて，反対も同じようにやってみましょう。

◇動きのポイント

・手首を回す。

◇ポイントになることばがけ

「組んだ手で，円を描くように（グルグルと）回してみましょう」
→手を組んで小さく回すことで，手首を動かすことができる。

介護予防のためのからだほぐし

16 からだの横をほぐす

◇ことばがけ

1　ゆっくりと，右手を上にあげてみましょう。
2　**できるだけ，右肩を上にあげてみましょう。**
3　そのまま，ゆっくりと，からだを左へ倒します（10秒間静止）。
4　ゆっくりと，もとにもどして，手を下ろします。
5　反対も，同じようにやってみましょう。

◇動きのポイント

・右手をあげて，からだを左へ倒す。

◇ポイントになることばがけ

「できるだけ肩を上にあげてみましょう」
→肩を上にあげることで，からだの横側がよく伸びる。

介護予防のためのからだほぐし

17 腰をほぐす①

◇ことばがけ

1. できるだけ，背筋をピンと伸ばしてみましょう。
2. 足を肩幅ぐらいに開きます。
3. 両手で（右の）ひじ掛けをもちましょう。
4. そのまま，**ゆっくりと，（右から）できるだけうしろを振り返ってみましょう**（10秒間静止）。
5. ゆっくりと，からだをもとに戻します。
6. 反対も同じように，やってみましょう。

※ひじ掛けがないときは，「ひざの上」でも構いません（両手を右ひざの上に置いて，右から振り返る）。

◇動きのポイント

・うしろを振り返る。

◇ポイントになることばがけ

「ゆっくりと，できるだけうしろを振り返ってみましょう」
→振り返ることで，からだをひねることができる。

介護予防のためのからだほぐし

18 腰をほぐす②

◇ことばがけ

1　できるだけ，背筋をピンと伸ばしてみましょう。
2　足を肩幅ぐらいに開きます。
3　(右から)ゆっくりと振り返りながら，両手で背もたれをつかんでみましょう。
4　そのまま，ゆっくりと，うしろを振り返ってみましょう(10秒間静止)。
5　ゆっくりと，からだをもとに戻します。
6　反対も同じように，やってみましょう。

◇動きのポイント

・うしろを振り返る。
・背もたれをつかむ。

◇ポイントになることばがけ

「ゆっくりと振り返りながら，両手で背もたれをつかんでみましょう」
➡背もたれをつかもうとすることで，自然とからだをひねることができる(背もたれに手が届かないときは，振り向こうとするだけでもよい)。

介護予防のためのからだほぐし

19 腰をほぐす③

◇ことばがけ

1 できるだけ，背筋をピンと伸ばしてみましょう。
2 右足を上にして，ゆっくりと**足を組んでみましょう**。
3 右手で，背もたれをつかんでみましょう。
4 左手は，右ひざの上に置きましょう。
5 そのまま，ゆっくりと，（右から）うしろを振り返ってみましょう（10秒間静止）。
6 ゆっくりと，からだをもとに戻します。
7 ゆっくりと，足をもとに戻します。
8 反対も同じように，やってみましょう。

◇動きのポイント

・足を組む。
・うしろを振り返る。

◇ポイントになることばがけ

「足を組んでみましょう」
➡ 足を組んで振り返ることで，より大きく，からだをひねることができる（それぞれの個人差に応じて行いましょう）。

介護予防のためのからだほぐし

⑳ 腰をほぐす④

◇ことばがけ

1 背筋を，ピンっと，伸ばして座ってみましょう。
2 両手をひざの上に置きます。
3 お尻のどちらか半分（片側）を，**1センチ**ぐらい浮かせてみてください。
4 このとき，できるだけ，顔の位置を変えないようにしてみましょう（からだを横に倒さないようにする）。
5 ゆっくりと，もとに戻します。
6 反対も，同じように，やってみましょう。
7 今と同じことを，10回繰り返してみましょう。

◇動きのポイント

・お尻の半分を浮かせる（持ち上げる）。

◇ポイントになることばがけ

「1センチ」
➡少し動かすことを具体的に表現する。

介護予防のためのからだほぐし

21 背中とおしりをほぐす①

◇ことばがけ

1. 片足を胸につけるつもりで，ゆっくり，かかえてみましょう（10秒間静止）。
2. （かかえている）**ひざに，ゆっくりとあごを近づけてみましょう**（10秒間静止）。
3. あごをはなして，ゆっくりと足を下ろしましょう。
4. 反対も同じように，やってみましょう。

◇動きのポイント

・ひざをかかえる。
・あごを近づける。

◇ポイントになることばがけ

「ひざに，ゆっくりとあごを近づけてみましょう」
➡あごをひざに近づけることで，背中を丸めることができる。

介護予防のためのからだほぐし

22 背中とおしりをほぐす②

◇ことばがけ

1. 片足をゆっくり持ち上げて、足を（反対の足の）ひざの上にのせてみましょう（足を組むのではなく、あぐらのようにする）。
2. そのまま、ゆっくりとおじぎをしてみましょう（10秒間静止）。
3. ゆっくりとからだを起こして、足を下ろしましょう。
4. 反対も同じように、やってみましょう。

◇動きのポイント

・足を（反対の足のひざの上に）のせる。
・おじぎをする。

◇ポイントになることばがけ

「足をひざの上にのせてみましょう」
「ゆっくりとおじぎをしてみましょう」
→足をのせて、おじぎをすることで、より、背中とおしりのまわりをほぐすことができる。

介護予防のためのからだほぐし

23 足のウラをほぐす

◇ことばがけ

1　片足を前に出してみましょう（上に持ち上げなくてよい）。
2　（前に出した足の）ひざをできるだけ伸ばしてみましょう。
3　**できるだけ，かかとを前に突き出してみましょう**（10秒間静止）。
4　力を抜いて，ゆっくりと，足をもとに戻しましょう。
5　反対の足も同じように，やってみましょう。

◇動きのポイント

・ひざを伸ばす。
・かかとを突き出す。

◇ポイントになることばがけ

「できるだけ，かかとを前に突き出してみましょう」
➡かかとを前に突き出すことで，足のウラ側を伸ばすことができる。

介護予防のためのからだほぐし

24 足首をほぐす①

◇ことばがけ

1. 片足をゆっくり持ち上げて，(反対の足の)ひざの上にのせてみましょう(足を組むのではなく，あぐらのようにする)。
2. 片手で，**つま先をもって，ゆっくりと大きく（足首を）回してみましょう**（逆回しも同様に）。
3. ゆっくりと，足を下ろしましょう。
4. 反対の足も同じように，やってみましょう。

◇動きのポイント

・足首を大きく回す。

◇ポイントになることばがけ

「つま先をもって，ゆっくりと大きく回してみましょう」
→大きく回すことで，足首をより大きく動かすことができる。

介護予防のためのからだほぐし

25 足首をほぐす②

◇ことばがけ

1 片足を前に出してみましょう（上に持ち上げなくてよい）。
2 かかとを下につけたまま，**つま先で，大きな丸をかいてみましょう**（逆回しも同様に）。
3 ゆっくりと，足をもとに戻しましょう。
4 反対の足も同じように，やってみましょう。

◇動きのポイント

・つま先を大きく回す（足首を大きく回す）。

◇ポイントになることばがけ

「つま先で，大きな丸をかいてみましょう」
→つま先を意識して大きく動かすことで，足首をほぐすことができる。

介護予防のためのからだほぐし

26 足首をほぐす③

◇ことばがけ

1　片足を前に出してみましょう（上に持ち上げなくてよい）。
2　（前に出した足の）ひざをできるだけ伸ばしてみましょう。
3　**つま先を，できるだけピンと（前に）伸ばしてみましょう**
　　（10秒間静止）。
4　力を抜いて，ゆっくりと，足をもとに戻しましょう。
5　反対の足も同じように，やってみましょう。

◇動きのポイント

・ひざを伸ばす。
・つま先を伸ばす。

◇ポイントになることばがけ

「つま先を，できるだけピンと伸ばしてみましょう」
→つま先をできるだけ伸ばすことで，足首を大きく動かすことができる。

介護予防のためのからだほぐし

27 こころをほぐす（腹式呼吸）

◇ことばがけ

1 背筋をピンと伸ばして，座ってみましょう。
2 両手をおなかの上に置いてみましょう。
3 **ゆっくりと，鼻から息を吸いましょう。**
4 このときに，意識して，おなかをふくらませてみましょう。
5 **ゆっくりと，口から息を吐いてみましょう。**
6 3〜5を繰り返します。

◇動きのポイント

・おなかをふくらませる。

◇ポイントになることばがけ

「ゆっくりと，鼻から息を吸いましょう」
➔鼻から息を吸うことで，より，深く呼吸をすることができる。
「ゆっくりと，口から息を吐いてみましょう」
➔息を出し切ることで，自然と吸うことができる。

介護予防のためのからだほぐし

28 力をつけるお手伝い
腕の力をつける①

◇ことばがけ

1 背筋を伸ばして座りましょう。
2 拝むようにして，両手を胸の前で合わせてみましょう。
3 **そのままゆっくりと，手が動かないようにギューっと力をいれてみましょう。**
4 力をいれるときに，ゆっくりと息を吐きながらやってみましょう。
5 その要領で，10回繰り返してやってみましょう。
6 10回終わったら，軽くポンポンと，両腕をたたいてあげましょう。

◇動きのポイント

・両手を合わせる。

◇ポイントになることばがけ

「そのままゆっくりと，手が動かないように力をギューっといれてみましょう」
➡力を加えることで，腕の力をつけることができる。

介護予防のためのからだほぐし

29 腕の力をつける②

◇ことばがけ

1　背筋を伸ばして座りましょう。
2　指をかぎのようにして，胸の前で組んでみましょう。
3　**そのまま，ゆっくりと，手が動かないように左右に引っ張ってみましょう。**
4　力をいれるときに，ゆっくりと息を吐きながらやってみましょう。
5　はい，その要領で，10回繰り返してやってみましょう。
6　10回終わったら，軽くポンポンと，両腕をたたいてあげましょう。

◇動きのポイント

・両手を左右に引く。

◇ポイントになることばがけ

「そのまま，ゆっくりと，手が動かないように左右に引っ張ってみましょう」
→引っぱることで，腕の力をつけることができる。

介護予防のためのからだほぐし

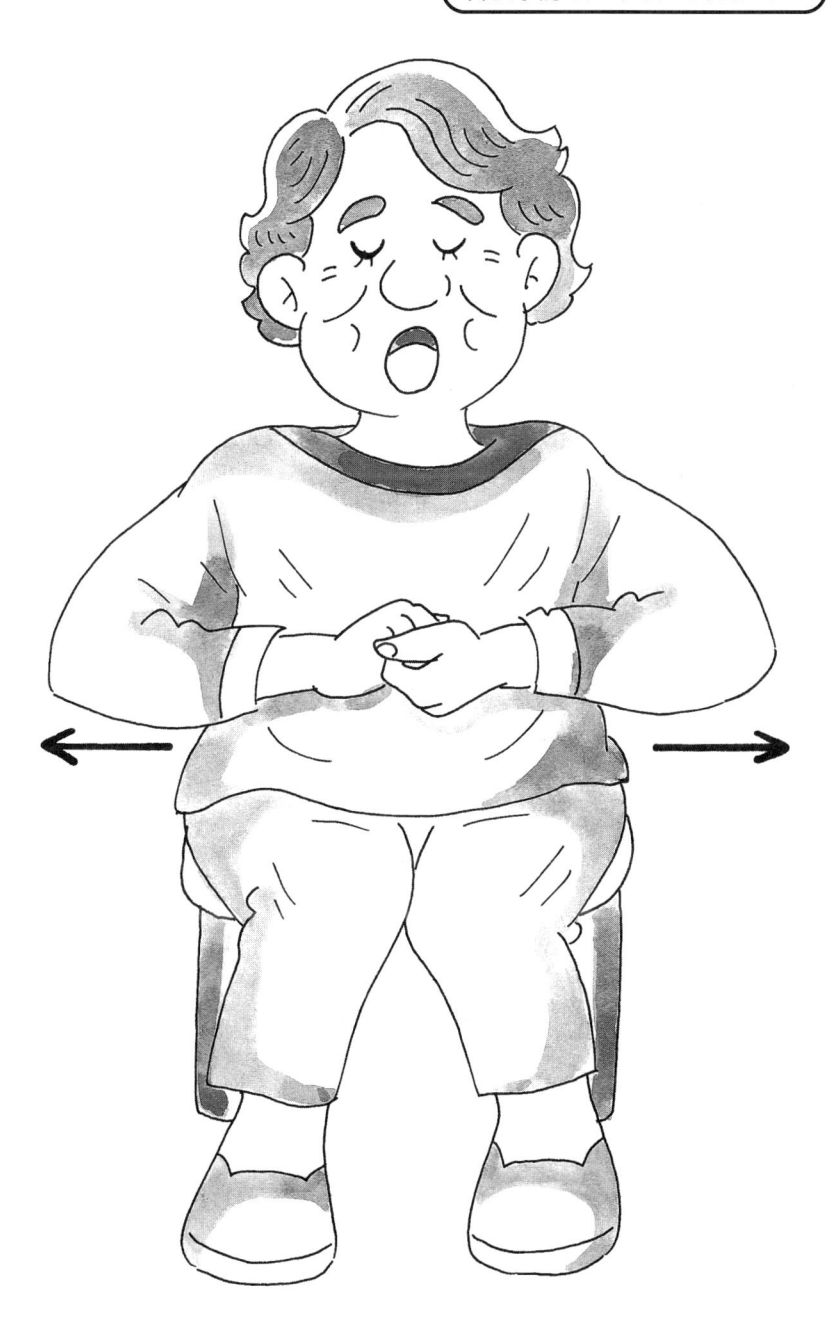

30 腕の力をつける③

◇ことばがけ

1　ペア（二人組）をつくります。
2　（握手ができる間隔で）向かい合って座ってみましょう。
3　どちらかひとりが，両手をパーで前に出します。
　　このとき，（両手を出した人は）つぎの2つのことを実行してみてください。
　　①ひじを直角に曲げる　②ひじをからだにつける
4　もうひとりの人は，（相手の手の上に）手を置いてください。
5　「ギューーー」と言いながら，（手を上にしている人が）ゆっくりと下へ押してみてください。
6　下の人は，手が下がらないようにしてみましょう。
7　じゃあ，いきますよ！「はい，ギューーー」。
8　10回やったら，交代しましょう。

◇動きのポイント

・（相手の）手のひらを押す。

◇ポイントになることばがけ

「ゆっくりと下へ押してみてください」
→一気に押さないこと，少しずつ，徐々に押すようにうながす。

介護予防のためのからだほぐし

31 おなかの力をつける①

◇ことばがけ

1　おへその下をさわってみましょう。
2　今さわっている場所を意識して，力をいれてみてください。
3　ひざをとじて座りましょう。
4　両手でいす(の角)を押さえます。
5　ゆっくりと，さっきさわった場所に力をいれて，ひざを上に持ち上げてみましょう。
6　ゆっくりと，下ろしましょう。
7　**力をいれるときに，息を吐くようにしてやってみましょう。**
8　同じ要領で，10回繰り返してやってみましょう。
9　10回終わったら，軽くポンポンと，おなかをたたいてあげましょう。

◇動きのポイント

・両ひざを上に持ち上げる。

◇ポイントになることばがけ

「力をいれるときに，息を吐くようにしてやってみましょう」
→息を吐くことで，呼吸を止めないようにする。

介護予防のためのからだほぐし

32 おなかの力をつける②

◇ことばがけ

1 両手の人差し指を出してみましょう。
2 その指で，おへそのすぐ横を押してみてください。
3 次は，**指を押し戻すように，おなかに力をいれてみてください。**
4 同じ要領で，10回繰り返してやってみましょう。
5 10回終わったら，軽くポンポンと，おなかをたたいてあげましょう。

◇動きのポイント

・（指を押し戻すように）おなかに力をいれる。

◇ポイントになることばがけ

「指を押し戻すように，おなかに力をいれてみてください」
→こうすることで，よりおなかに意識を集中することができる。

介護予防のためのからだほぐし

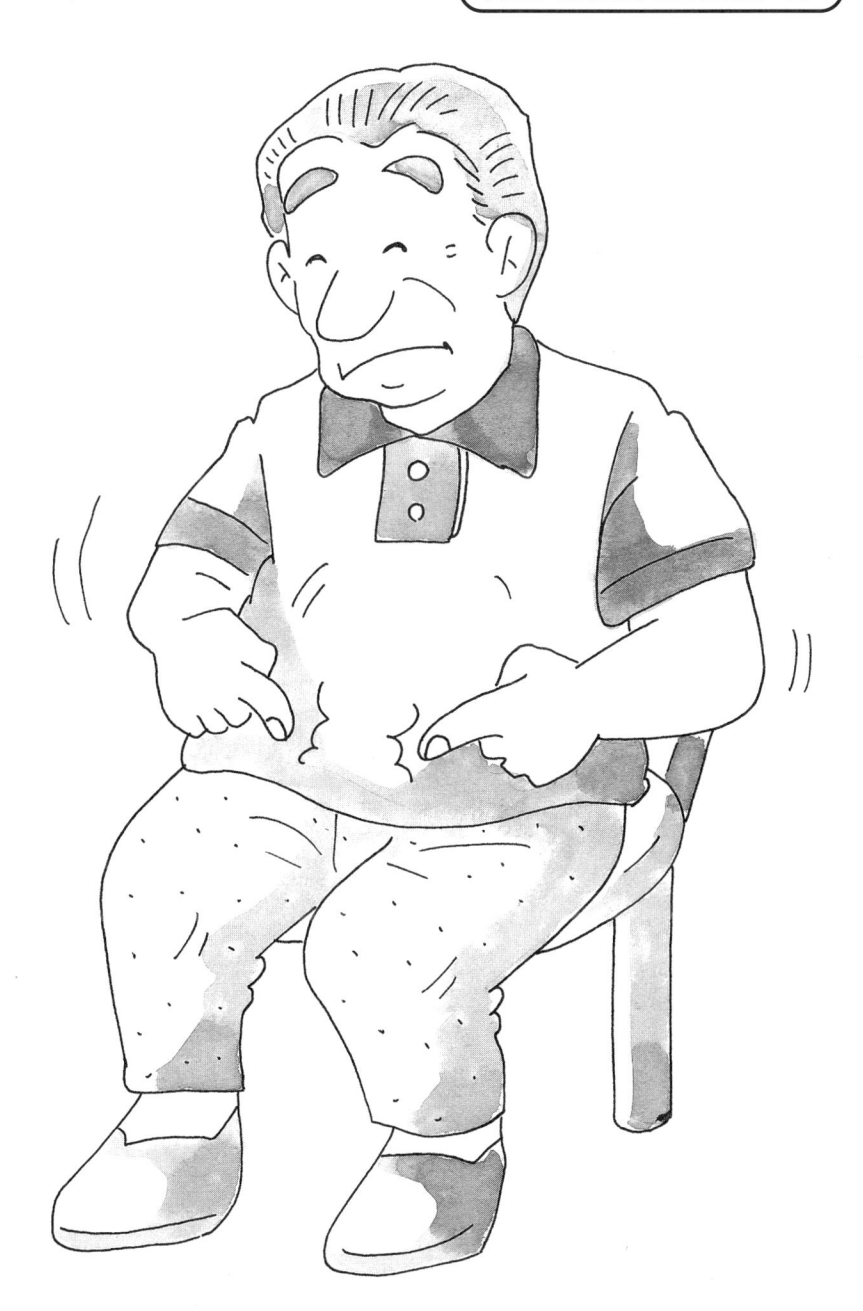

33 脚の力をつける①

◇ことばがけ

1　両手でイスの縁をもって（からだを支えながら），片足を，ゆっくりと前に伸ばします。
2　ゆっくりと，下ろします。
3　足を伸ばす（力をいれる）ときに，息を吐きながらやってみましょう。
4　**太ももの前側を意識して，10回続けてやってみましょう。**
5　10回終わったら，軽くポンポンと，太ももをたたいてあげてください。
6　反対の足も同じように，やってみましょう。

◇動きのポイント

・足を前に伸ばす（持ち上げる）。

◇ポイントになることばがけ

「太ももの前側を意識して」
→力をいれる場所を意識することで，よりよい効果が得られる。

介護予防のためのからだほぐし

34 脚の力をつける②

◇ことばがけ

1　両手でイスの縁をもって（からだを支えながら），両足を，ゆっくりと前に伸ばします。
2　ゆっくりと，下ろします。
3　伸ばすとき（力をいれるとき）に，ゆっくりと息をはきながら，やってみましょう。
4　**太ももの前側を意識して，1〜3を10回続けてやってみましょう。**
5　10回終わったら，軽くポンポンと，太ももをたたいてあげてください。

◇動きのポイント

・両足を前に伸ばす（持ち上げる）。

◇ポイントになることばがけ

「太ももの前側を意識して」
➡力をいれる場所を意識することで，よりよい効果が得られる。

介護予防のためのからだほぐし

35 脚の力をつける③

◇ことばがけ

1 ひざを少し開いて座りましょう。
2 ひざとひざの間に、両手をはさんでみましょう。
3 **両手が抜けなくなるくらいに、(脚に)力をいれてみましょう。**
4 力をいれるときに、ゆっくり息を吐きながらやってみましょう。
5 同じ要領で、10回続けてやってみましょう。
6 10回終わったら、軽くポンポンと、太ももをたたいてあげてください。

◇動きのポイント

・両手を脚ではさむ（脚に力をいれる）。

◇ポイントになることばがけ

「両手が抜けなくなるくらいに、(脚に)力をいれてみましょう」
➡おもに、脚の内側（筋肉）の力をつけることができる。

介護予防のためのからだほぐし

36 脚の力をつける④

◇ことばがけ

1　ひざをとじて座りましょう。
2　両ひざの外側を，(ひざが外へ開かないように)両手で押さえてみましょう。
3　**両手で押さえたまま，脚を（外側へ）開くように力をいれてみましょう。**
4　力をいれるときに，ゆっくりと息を吐きながらやってみましょう。
5　同じ要領で，10回続けてやってみましょう。
6　10回終わったら，軽くポンポンと，太ももをたたいてあげてください。

◇動きのポイント

・両足を外へ開く（脚に力をいれる）。

◇ポイントになることばがけ

「両手で押さえたまま，脚を（外側へ）開くように力をいれてみましょう」
➡おもに，脚の外側（筋肉）の力をつけることができる。

介護予防のためのからだほぐし

37 口を動かす
口を動かすお手伝い

◇ことばがけ
1. できるだけ大きく口をあけて,「パ」と言ってみましょう。
2. その要領でパ行（パ・ピ・プ・ペ・ポ）を，ひとことずつ，言ってみましょう。
3. では,「パ・ピ・プ・ペ・ポ」を続けて，言ってみましょう。

◇動きのポイント
・口を大きくあける（動かす）。

◇ポイントになることばがけ
「できるだけ大きく口をあけて」
➜ 大きく口をあければ，自然と顔の筋肉を使うことができる。
「パ行（パ・ピ・プ・ペ・ポ）」
➜ 唇の力を鍛えることで，嚥下摂食の訓練になる。

介護予防のためのからだほぐし

パ・ピ・プ・ペ・ポ

38 舌を動かす

◇ことばがけ

1　舌をゆっくりと，次のように動かしてみましょう。
　　「出したり，引っ込めたり」
　　「上に，下に」
　　「右に，左に」
2　できるだけ，大きく動かしてみましょう。

◇動きのポイント

・舌をいろんな方向へ動かす。

◇ポイントになることばがけ

「できるだけ大きく動かしてみましょう」
→舌を動かすことで，唾液の分泌をうながすことができる（唾液は，消化を助ける，殺菌作用など，さまざまなメリットがある）。

介護予防のためのからだほぐし

83

39 ほっぺたを動かす

◇ことばがけ

1　口をとじてみましょう。
2　ほっぺたを，できるだけ大きくふくらませてみましょう。
3　ゆっくり，もとに戻しましょう。
4　その要領で，同じことを，あと3回繰り返してみましょう。

◇動きのポイント

・ほっぺたをふくらませる（動かす）。

◇ポイントになることばがけ

「できるだけ大きくふくらませてみましょう」
→ほっぺたを大きくふくらますと，自然と顔の筋肉を動かすことができる。

介護予防のためのからだほぐし

お年寄りにウケる体操とは？

「お年寄りにウケる体操を教えてください」。
　あるデイサービスの職員の方から，こんな質問をされたことがあります。

　ぼくがシニア体操教室をしていて思うことは，お年寄りの方々も，からだを思う存分動かしたいと思っている方々がたくさんいらっしゃるということです。
　お年寄りの運動というと，「無理をさせない」「危ないからさせない」というイメージばかりが先行しがちです。だから，ホントはもっともっと動けるのに，ついつい消化不良のような体操になりがちです。

　ぼくも，ときには，思いっきりからだを動かしたいことがあります。それと同じことで，お年寄りの方々も，もっともっとからだを動かしたいんじゃないかなあと思うんです。というより，もっとホントは動けるんです。
　「年寄り扱い」ということばがあります。それは，お年寄りの100％ある体力のうち50％しか使わせないことを言うのかもしれません。
　100％を思う存分使ってくださいね。そう応援してあげることが，「お年寄りにウケる体操のコツ」だと思います。

からだをほぐす
お手伝いのコツ

からだをほぐすお手伝いのコツ

　ここでは，からだをほぐすお手伝い（からだをほぐす体操）をするときに，どんなふうにお年寄りをリードするといいかをご紹介していきます。

　これを知っているだけでも，ただ（漠然と）体操をリードするということが少なくなるはずです。また，その（リードする）負担はグーンと軽減されることでしょう。

　ぼくが，心掛けている，からだをほぐすお手伝いのコツは，次の7つです。

＊からだをほぐすお手伝い（からだをほぐす体操）のコツ
　① 自分でからだの伸びを実感する
　② ポイントになることばを使う
　③ ゆっくりと，息を吐きながら行う
　④ 音楽を利用する
　⑤ 人それぞれの100点満点がある
　⑥ からだのどの場所をほぐしているのかを意識する
　⑦ "動く意欲"を応援する

　では，ひとつひとつについて，詳しく説明していきましょう。

> からだをほぐすお手伝いのコツ

1 自分でからだの伸びを実感する

　何よりも，まずは，自分自身でやってみることです。
　そして，「ああ，伸びてる，伸びてる」
「なんか，気持ちいいなあ」
「おっ，なんとなくほぐれた感じがする」

　などなど，自分なりに感想を持つことです。
　自分が思っていない（実感していない）ことを他人にやってもらおうとしても，無理な話だと思いませんか？

「あそこのレストランのハンバーグは，とっても美味しいんだよ」
「あのマッサージ店は，よく効いて，気持ちいいよ」
「あのホテルの夜景は最高だね」
　と他人に言えるのは，まず，本人がそう思うからこそ。だから，自然と実感のこもったことばになるはずです。

　実感のこもっていることばは，自然と人をひきつけることができます。
　美味しそうに，ごはんを食べている人を見ると，自分も食べたいなあ，と思うのと同じで，**気持ちよさそうに体操をしている人を見ると，自分もやってみたいなあ，と思うものです。**

2　ポイントになることばを使う

　からだをほぐすときには(特にリードをするときには)，必ずポイントになることばがあります。
　ポイントになることばというのは，そのことばを使うことによって，自然と効果があがる（よりよく伸ばすことができる，など）ことばのことです。

　たとえば，背中をほぐすときの，次の2通りの説明を比較してみてください。

A①「両手を組んで前に出してください」
　②「そのまま，おじぎをしてください」

B①「両手を組んで前に出してください」
　②「そのとき,肩をできるだけ前に出すようにしてみましょう」
　③「おなかをひっこめるようにして，背中を丸めます」
　④「おへそをのぞきこむようにして,おじぎをしてみましょう」
　⑤「ゆっくりと，息を吐きながら，やってみましょう」

　どちらも同じ背中をほぐすポーズなのです。
　しかし，Bのほうがより丁寧で，段階をおって，ゆっくりと進めているのがおわかりいただけると思います。当然，その効果（からだがほぐれること）にも違いが出てきます。

からだをほぐすお手伝いのコツ

ここで，ポイントになることばは，
「肩を前に出すように」
「おなかをひっこめるように」
「おへそをのぞきこむように」
この3つです。

　「背中をほぐす」ことは，背中を丸めるというポーズをとることです。ということは，できるだけ背中を丸めるようなことばを使うことが，合理的な説明ということになります。

　このように，**使うことばひとつによって，その効果にも大きな違いが出てきます。**

　大切なことは，その場で，臨機応変にことばを選ぶのではなく（アドリブでしゃべるのではなく），**あらかじめ，どんなことばを使うか，準備しておくことです。**

　そういう意味では，ことばも道具と同じです。あらかじめ，準備しておくことで，リードする人の負担を半分にも3分の1にも減らすことができるのです。

　本書では，普段，ぼくが使っているポイントになることばをご紹介しています。
　どうぞ，リードをするときの参考にしてみてください。

> からだをほぐすお手伝いのコツ

3　ゆっくりと息を吐きながら行う

　ぼくは，仕事で体力測定の測定員をすることがあります。そこでは，一般の方がいろいろな運動種目を行って，その結果で体力の判定をしています。その運動種目のひとつに，前屈があります。前屈とは，立ったままひざを曲げずに，手を下にベタ〜とつけるような，あのポーズです。

　これをやるときに，こちらから，特に何も言わないと（言わないとけがをする危険があるので，言いますが），少しでもいい記録を出そうとするために，息を止めて，一気に手を伸ばそうとする（からだを曲げようとする）人がいます。そうしたほうが，よい記録が出ると思っているようですが，実は違います。

　息を止めると，かえってからだに力がはいってしまうのです。したがって，からだも硬くなりがちで，気持ちとは裏腹になかなか手は伸びていきません。

　そして，からだを一気に曲げてしまうと，その場所（この場合はおもに腰）に，大きな負担がかかります。たとえると古いゴムを一気に引っ張るようなもので，ときには，そのゴムは切れてしまうこともあります。それと同じことなのです。

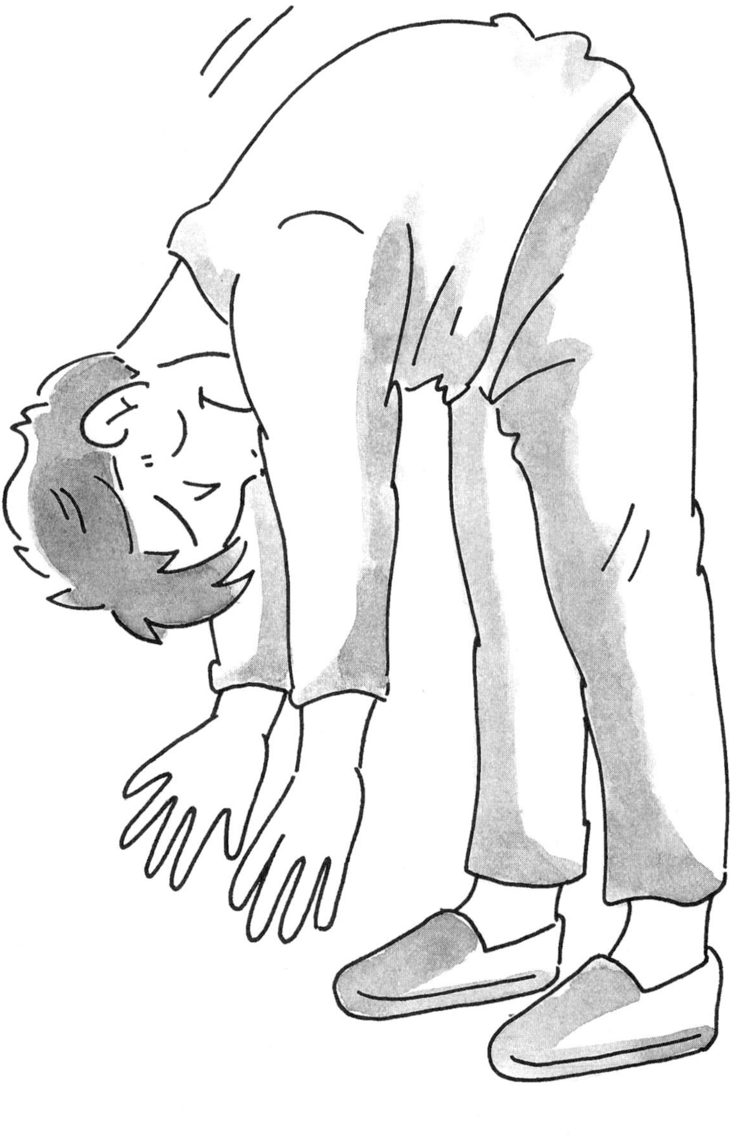

> からだをほぐすお手伝いのコツ

　だから，前屈をするときには，
「息を吐きながら，ゆっくりとやってみてください」
というふうに，ことばがけをしています。

　お年寄りをリードするときも，まったく同じです。いえ，一般の方のときよりも，もっともっと，ていねいにリードするぐらいの気持ちでちょうどいいのです。

　説明するときのコツは，ひとつひとつの動きを説明する時に，「ゆっくり」と「息を吐く」という，2つのことばを使うことです。
「ゆっくりと，息を吐きながら，首を横にたおしましょう」
「ゆっくりと，息を吐きながら，からだをひねってみましょう」

　少々，くどくなるかもしれませんが，そのたびに，言ってあげたほうがいいと思います。対象者は，「言われないことは何もしない」ぐらいに思っていたほうがより確実です。

「ゆっくりと，息吐きながら，ていねいに」
　からだをほぐすお手伝い（リード）をするときに，こんな標語はいかがでしょうか？

4　音楽を利用する

　からだをほぐすにはリラックスをすることがひとつの条件になります。リラックスするためには，「音楽を聴きながら行う」ことがよいとされています。

　フィットネスクラブなどの運動する施設では，あたりまえのように行われていることですが，音楽はストレッチやトレーニングをするときには，欠かすことのできない道具となっています。

　オルゴールのような，やさしい曲調の音楽が流れると，自然と心が癒されるのは，ぼくだけではないと思います。癒しの曲のコーナーなどが設けられている音楽店もあります。流行の曲からクラシックまで，オルゴール調，ピアノ調，沖縄調などにアレンジしてあります。

　これらの音楽のパワーを利用することも，からだをほぐすことの大きな手助けとなります。

　簡単にムードをやわらげてくれる,音楽という道具選びにも，注目してみては，いかがでしょうか？

からだをほぐすお手伝いのコツ

5　人それぞれの100点満点がある

　同じストレッチをしていても，人によって，微妙に（場合によってはかなり）違うポーズになっていることがあります。
　これは，人それぞれに柔軟性が違うことが大きな原因のひとつです。これがデイサービスなどの高齢者施設になると，年齢も，運動能力も，柔軟性も，一般の人よりもさらに大きな差が出てきます。

　例えば，頭のうしろで手首をもって，横に引っ張るポーズをすると……。
・言ったとおりにそのままできる人
・手首をもつことがやっとの人
・頭のうしろに手が回らない人
などなど，いろんな人がいらっしゃいます。

　ここで注意したいのは，「言ったとおりにそのままできること」がよいことではなくて，「自分のできる範囲でやることがよい」ということです。

　「言ったとおりにそのままできる人」は，そのまま，できる限り手を引っ張るようトライしてみる。また，「手首をもつことがやっとの人」は，いつも手首がつかめるようにトライしてみる。

からだをほぐすお手伝いのコツ

また「頭のうしろに手が回らない人」は，まずは，どこまで手がうしろにいくのかトライしてみる。

　それぞれが，**それぞれにあった100点満点があるということを，リードする側があらかじめ知っておくこと**。そうすることで，スタッフと対象者の双方の余計な負担を軽減することができます。

　できることはいいことで，できないことはいけない，という考え方では，からだを動かすという時間が，健康自慢の方や，運動が好きな方だけのものになる傾向があります。
　そして，虚弱な方や，あまり運動が得意でない方は，「できないから」「恥ずかしい」「やりたくない」という理由から，排除されてしまいがちです。

　ぼくがデイサービスでやっている体操教室に，〇さんという女性がいます。足が不自由なので，他の方と違って，できる種目が限られます。でも，〇さんは，こうおっしゃいます。
「できるものだけ，やればいいんだよ。私は私，みんなはみんな，なんだから。今日もよくがんばった。誰もほめてくれないから，自分でほめてあげなきゃね」

　そんな〇さんは，ある意味で，こころが健常なのかもしれません。

からだをほぐすお手伝いのコツ

6　からだのどの場所をほぐしているのかを知る

　体操の効果をあげるポイントのひとつに，今からだのどの場所を動かしているのかを意識することがあげられます。
　「首が，伸びてる伸びてる，あ～気持ちいい」とか，
　「背筋がピーンとしてる感じがする」とか，
　「もう無理。これ以上，腰が回らない……」などなど，具体的に，からだのどの場所をターゲットにしているのかを知っておくと，より効果があがります。

　それに，リードする人がこのことを知っていると，「次は，この場所の体操ですよ」なんて，知らせることもできます。また，やっている人も，「へえ～，これは肩の体操なんだ」と，ちゃんと理解することができます。
　このターゲットの場所を，知っているのと知らないのでは，体操をしているときの雰囲気が全然違ってきます。
　そんな例をひとつご紹介します。

　場所はとあるデイサービス。体操の時間。利用者約 20 名。スタッフ（バイト，ボランティア含め）5 名。
　某テレビ局の体操のビデオを見ながら，みんなで体操をしていました。でも，どことなく沈滞ムード。なんでだろう？　とよくよく考えてみると，誰もターゲットの場所を理解していないんです。ただ，漠然とビデオをマネしているだけ。

102

> からだをほぐすお手伝いのコツ

　ビデオの中から聞こえてくる，体操の先生の流暢な説明は，流暢すぎることが原因なのか，ほとんど聞いている人はいませんでした。

　少なくとも，からだを動かしてはいるので，ある程度の効果はあるかもしれません。ただ，どうせ，同じこと（体操）をやるんだったら，ほんのちょっとしたことで，もっともっと効果があがる（からだも，全体のムードもよくなる）方法もあります。ビデオを見ながら体操をするときの，メリットとデメリットは何でしょうか？

●ビデオを見ながら体操をするメリットは……。
1　スタッフが簡単にできる（覚えることが少ない）。
●ビデオを見ながら体操をするデメリットは……。
1　からだのどの場所をターゲットにしているのか，わかりづらい（一応，ビデオで説明はしているが，聞いている人は少ない）。
2　ただ漠然と，マネをしているだけになりがちになる。
3　現場の参加者，ひとりひとりにあった，ことばがけができない（「○○さんは，ここまで腕を上げてみましょう」などとビデオは言ってくれない）。

　ホントにお年寄りのからだのことを考えるのなら，どうすればよいのかが，透けて見えてくるのではないでしょうか？

7　"動く意欲"を応援する

　「元気な方と虚弱な方といっしょに体操をするときに,どちらを中心にすすめたらいいですか?」と,こんな質問をよくされることがあります。ぼくは,こんなときは,「元気な方を中心に考えてください」と,お答えしています。

　体操をしているときに大切なことは,動かせる場所を,動かせるだけ,存分に動かすということです。言い換えると,使える機能をしっかり使う,ということです。包丁を使わなければ,いずれさびてしまうのと同じで,からだも使わなければ機能が低下してしまいます。

　「元気な方を中心に考えてください」というと,なかには「虚弱な人ができなくてかわいそう」と思う人もいらっしゃるかもしれません。でも,そんな心配はいりません。そういうときには,前もってこんな話をしてみてください。

　「これからいっしょに体操してみませんか?」
　「でも,わたし,できないから……」
　「できなくていいんです。できることだけでいいんです」
　「でも,ホントに,何もできないんですよ」
　「だまって,座ってるだけでもいいんです。でも,もし,ひとつでも,できそうなことがあったら,マネしてみてください」
　「ホントに,座ってるだけでもいい?」

からだをほぐすお手伝いのコツ

「大丈夫です！　できることをすることが，からだに一番です。無理はいけません。人それぞれ，からだの具合が違うんですから，みんな違って当たり前なんですよ。だから，じょうずにできなくったっていいんですよっ！」
「そう……？　じゃあ，やるだけやってみようかしら……」
「はい。じゃあ，ごいっしょしましょう」

　会話にあった「できることをすることが，からだに一番です」ということばが，すべてを物語っています。このことは，元気な方にも，虚弱な方にも共通なことばです。もし，すべてを虚弱な方むけの内容にしてしまったら，元気な方には，できることをさせてあげない，ということになります。かわいそうなのは，元気な方なのです。

　体操で大切なことは，それぞれが，今現在，動かせるところを動かすこと。それぞれが，できる範囲で，できることをすれば，それでよいこと。みんな同じ動きをする必要は全くないこと，です。

　ある体操の先生はこんなことをおっしゃっていました。**（通所介護施設で大切なことは）「からだを動かす意欲を持てるように応援してあげること」**。まさしく，そのとおりだと思います。元気だとか，虚弱だとか，関係ないんですよね。

おわりに 「どうもありがとうございました」

　セントケア株式会社の星ツヤ子さんから，デイサービスのスタッフ教育のご依頼があったのは，2005年の春のことでした。星さんは，当時，全国に広がるデイサービスを管理，統括する仕事をしていらっしゃいました。
　ご依頼のきっかけは，著書『デイホームで知っておきたいゲーム＆指導の基本』（桐書房）を読んだことだそうです。ぼくの考え方に共感していただいたことに，とても，うれしく思いました。

　そんな星さんは「デイサービス・スタッフは，いつも体操やゲームのことで悩んでいます。なんとか，負担を少しでも軽減するとともに，自信をつけさせてあげたい」と，考えていらっしゃいました。

　ぼくが，セントケア株式会社のスタッフ教育で重視したのは，「ことば」です。本書でも，ご紹介しているとおり，より体操の効果をあげるための，ポイントになることばがあります。

　大切なことは，よりわかりやすく，より具体的に，より短く話をするためには，どんなことばを使ったらよいのかを，考えてみるということです。
　それは，なにも体操をするときだけでなく，ゲームをするとき，手工芸をするとき，ちょっと雑談をするときなど，デイサービスの1日の活動，すべてに通じる力なのです。

おわりに

　研修会を終えた参加者のアンケートからは，
「ほんのちょっとしたことばの使い方で，体操の効果が全然違うことに驚きました」
「人前で体操をリードする自信がつきました」
「漠然と使っていたことばを，意識して使うようになりました」
という，喜びの声をたくさん頂戴しました。
　そして，研修を受けたみなさんは，元気でご活躍されているとのことです。

　ぼくが，これまでに経験してきた，シニア体操教室は，楽しいことばかりではありませんでした。どうしたら，うまくいくんだろう？ ずっと，そんなことを考え続けてきました。今でもそうです。
　でも，そうしてきたことが，高齢者施設で働く方々のお役に少しでも立てることを，とてもうれしく思います。

　最後に，この場を借りて，これまでシニア体操教室に参加していただいた皆様に感謝して，御礼を申し上げます。この本がこうして書けるのも，また，高齢者施設の職員の方のお役に立てるのも，そんな皆様のおかげだからです。
「どうもありがとうございました」。そして，
「これからも，末永く，よろしくお願いします」。

2006年11月

斎藤道雄

出張シニア体操教室

お年寄りにあわせて
ゆっくりとていねいに
指導いたします

□ **シニア体操教室参加者の声**

「体操のある日はぐっすりと眠れます」
「心もからだも,スッキリします!」
「親切,ていねい,わかりやすい!」
「先生が大好きです!」

□ **経営者の声**

「工夫された指導が楽しく和やかな雰囲気で流れていきます。開始当初から7年たった今も多くのお年寄りがこの時間を楽しみにしています」。

□ **指導メニュー**

・からだをほぐす体操
・力をつける体操
・虚弱者にもできる体操
・脳を活性化する体操　ほか

□ **シニア体操教室のメリット**

・寝つきがよくなり,徘徊が減ります
・介護予防につながります
・集団(複数)指導ができます
・ストレスの発散になります

□ **これまでのおもな契約先**

・セントケア株式会社
・有料老人ホーム敬老園
・世田谷区社会福祉事業団
・ほか,高齢者施設多数

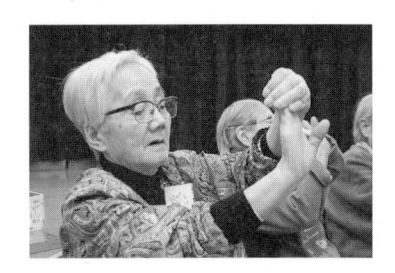

お問い合わせ　クオリティー・オブ・ライフ・ラボラトリー(QOL.LAB)　シニア体操指導部
● FAX　03-3302-7955　●メール　info@michio-saitoh.com
●ホームページ　http://www.michio-saitoh.com/

著者紹介

●斎藤道雄　1965年生まれ。国士舘大学体育学部卒業。
株式会社ワイルドスポーツクラブ（幼児体育，イベント企画，運営）を経て，健康維持増進研究会を設立。2007年クオリティー・オブ・ライフ・ラボラトリー（QOL. LAB）に改名。子どもからお年寄りまでの，楽しい体力づくりを支援。特にゲームを利用したお年寄りの体力づくりは各施設で高い評価を得ている。平成15年度に世田谷区社会福祉事業団と提携し，講師派遣業に加え，スタッフ育成支援事業も手掛けている。

〈著書〉
『お年よりにうけるレクリエーション』『幼児にうける体育とゲーム』『車いすレクリエーション』（以上，大月書店）
『高齢者施設のための楽しいレクリエーション』（グラファージ）
『実際に現場で盛り上がるゲーム＆指導のコツ』『特養でもできる楽しいアクティビティ32』『3・4・5歳児の考える力を楽しく育てる簡単ゲーム37』『お客様もスタッフも笑顔になるデイホーム運営の簡単アイディア集』（以上，黎明書房）

〈これまでのおもな事業提携先〉
千葉県社会福祉協議会，青森県社会福祉協議会，足立区住区推進課，世田谷区社会福祉事業団，佐倉市社会福祉施設協議会，東京スポーツレクリエーション専門学校，有料老人ホーム敬老園，有料老人ホームレスト・ヴィラ，養護老人ホーム長安寮，養護老人ホーム白寿荘，芸術教育研究所，グラファージ（高齢者レクリエーション用品カタログ販売）ほか

介護予防のための一人でもできる簡単からだほぐし39

2006年11月25日　初版発行		
2012年4月30日　7刷発行		
著　者	斎藤　道雄
発行者	武馬　久仁裕
印　刷	株式会社　太洋社
製　本	株式会社　太洋社

発 行 所　　株式会社　黎明書房

〒460-0002　名古屋市中区丸の内3-6-27 EBSビル
☎052-962-3045　FAX 052-951-9065　振替・00880-1-59001
〒101-0047　東京連絡所・千代田区内神田1-4-9　松苗ビル4階
☎03-3268-3470

落丁本・乱丁本はお取替します。　　ISBN978-4-654-05733-7
© M. Saito 2006, Printed in Japan

実際に現場で盛り上がる
ゲーム＆指導のコツ

斎藤道雄著
Ａ５判・94頁　1600円

お年寄りと楽しむゲーム＆レク①　「ゲームを盛り下げない５か条」など、現場経験豊富な著者が、お年寄りと一緒にレクを楽しむコツと、簡単な体操をかねた人気のゲーム23種を紹介。

少人数で楽しむ
レクリエーション12カ月

今井弘雄著
Ａ５判・102頁　1600円

お年寄りと楽しむゲーム＆レク②　宅老所やグループホームなどの小規模施設で楽しめるレクや歌あそび（歌レク体操）、集会でのお話のヒントなどを月ごとに紹介。

デイホームのための
お年寄りの簡単ゲーム集―介護度レベル付き―

斎藤道雄著
Ａ５判・96頁　1600円

お年寄りと楽しむゲーム＆レク③　介護に合った簡単で楽しいゲーム23種を「からだを動かすゲーム」「頭を使うゲーム」「仲間づくりのゲーム」に分けて紹介。デイホームづくりに役立つヒントやアドバイス付き。

車椅子の人も片麻痺の人もいっしょにできる
楽しいレク30＆支援のヒント10

斎藤道雄著
Ａ５判・93頁　1600円

お年寄りが笑顔で楽しむゲーム＆遊び⑤　車椅子の人も片麻痺の人も、動かせる部分を思う存分に動かし、ムリせず楽しめるレクを30種紹介。いっしょに楽しむための支援の仕方や考え方を詳述。

ちょっとしたボケ防止のための
言葉遊び＆思考ゲーム集

今井弘雄著
Ａ５判・94頁　1600円

高齢者の遊び＆ちょっとしたリハビリ①　口や手足を動かしたり、記憶をたどったりすることで脳への血流をよくする、楽しい早口言葉等の言葉遊び11種と、物当てゲーム等の思考ゲーム23種を収録。

介護予防と転倒予防のための
楽しいレクゲーム45

今井弘雄著
Ａ５判・102頁　1600円

お年寄りが笑顔で楽しむゲーム＆遊び①　高齢者の体力・筋力の維持・向上、機能回復を図る楽しいレクゲーム45種を「歌レク体操」「介護予防のための手あそび・指あそび」「体を動かすレクゲーム」に分けて紹介。

思いっきり笑える
頭と体のゲーム＆遊び集

三宅邦夫・山崎治美著
Ａ５判・94頁　1700円

お年寄りが笑顔で楽しむゲーム＆遊び②　現場で大好評の笑いがあふれるゲームや遊びを、頭をきたえるもの、体をすっきりさせるもの、ストレス解消になるものに分け、イラストを交え45種類紹介。

表示価格は本体価格です。別途消費税がかかります。